LÉGENDE

DE

SAINT LUCIEN

APOTRE DU BEAUVAISIS.

CATHEDRALE DE BEAUVAIS.

PLANCY

Société de Saint-Victor

pour la propagation des bons livres

—

1852

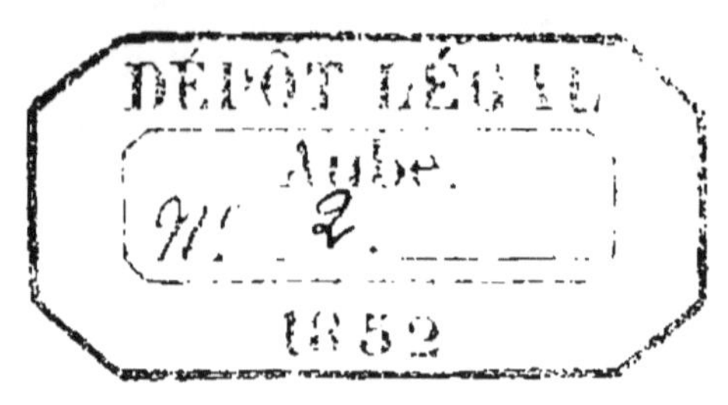

LA COURONNE

DES ÉGLISES DE BEAUVAIS

NOYON ET SENLIS

———

SAINT LUCIEN

APPROBATION.

Joseph-Armand Gignoux, par la miséricorde divine et la grâce du Saint-Siége apostolique, Évêque de Beauvais, Noyon et Senlis.

Nous avons lu avec attention la *Légende de saint Lucien*, apôtre du Beauvaisis ; nous n'y avons rien trouvé qui ne soit propre à édifier les fidèles et à fortifier nos diocésains dans leur respect et leur piété envers le fondateur de la foi dans nos contrées.

Donné à Beauvais, sous notre seing, notre sceau et le contreseing du secrétaire de l'Évêché, le troisième jour de janvier de l'an de grâce mil huit cent cinquante-deux.

† JOS.-AR., ÉVÊQUE DE BEAUVAIS,
NOYON ET SENLIS.

Par mandement de Monseigneur,
LAURENT.

Chan. hon., secrétaire

LÉGENDE

DE SAINT LUCIEN

MARTYR, APOTRE

ET PREMIER ÉVÊQUE DU BEAUVAISIS

PAR M. L'ABBÉ F. MAILLARD

CHANOINE HONORAIRE DE BEAUVAIS

PLANCY

SOCIÉTÉ DE SAINT-VICTOR

pour la propagation des bons livres.

LÉGENDE

DE SAINT LUCIEN

APOTRE DU BEAUVAISIS.

CHAPITRE PREMIER.

Introduction. — État du Christianisme au troisième siècle.

L'Église de Beauvais, autrefois si florissante, n'offre plus aujourd'hui le consolant spectacle de sa première ferveur. L'ignorance des vérités chrétiennes, l'indifférence pour le salut éternel, l'attachement aux biens de la terre et la corruption des mœurs, tels sont les traits affligeants qui caractérisent l'état spirituel de ce diocèse. Cependant la foi n'est pas entièrement éteinte dans les âmes. Le zèle des ouvriers évangéliques réussit encore à en ranimer çà et là de précieuses étincelles. Nous avons vu avec consolation, pendant ces dernières années, renaître aussi le culte de saint Lucien, notre premier évêque, notre premier apôtre et notre premier martyr. C'est sans doute à la puissante intercession de ce saint patron que nous est accordé ce commencement de retour à la Relïgion. Apprenons donc à mieux connaître son dévouement pour le salut de nos pères et les hommages par lesquels les siècles qui nous ont précédés lui ont témoigné leur reconnaissance et leur amour. Notre piété en deviendra plus éclairée et plus fervente; son cœur paternel s'intéressera plus tendrement en notre faveur.

Deux cents ans et plus s'étaient écoulés depuis que le Fils de Dieu fait homme, notre divin Sauveur, après avoir prêché son évangile, institué les sacrements, établi son Église, racheté le monde coupable, était ressuscité et monté au ciel. Son nom avait été porté jusqu'aux extrémités du monde alors connu. Par des persécutions de tout genre, les méchants avaient essayé d'exterminer les chrétiens jusqu'au dernier ; ils espéraient que la crainte des supplices empêcherait d'embrasser la nouvelle religion.

Mais Dieu est plus puissant que le démon. La vie sainte des fidèles révélée dans les tribunaux, le courage héroïque des martyrs au milieu des tourments, la sublimité des dogmes de l'Évangile et la perfection de sa morale avaient frappé d'admiration les esprits droits et converti souvent les bourreaux eux-mêmes. Les grandes villes possédaient de nombreuses sociétés de fidèles, toujours prêts à verser leur sang pour leur Dieu. Des prêtres, des évêques les instruisaient et leur administraient les sacrements. Toutes les classes, tous les rangs, toutes les professions comptaient des chrétiens et des martyrs. Jésus-Christ était adoré même dans le palais des persécuteurs.

Rome surtout, capitale de l'Empire, voyait fleurir un clergé pieux et instruit, qui conservait précieusement le dépôt sacré de la foi et propageait les divins enseignements transmis par le chef et par les successeurs des Apôtres.

CHAPITRE II.

Saint Lucien étudie la religion sous les yeux du pape saint Fabien ; il s'y forme au ministère évangélique.

Un illustre et saint pape, qui lui-même eut quelques années plus tard l'honneur de remporter la palme du martyre, saint Fabien, était monté, l'an 236, sur la chaire de saint Pierre. Éclairé par l'esprit de Dieu sur les besoins de l'Église, il entretenait sous ses yeux une pépinière de missionnaires. Ses leçons, et plus encore, ses exemples leur communiquaient avec la science une foi et un courage héroïques. Il les exerçait aussi à la célébration des saints mystères ; et, dans les grandes solennités, on voyait avec un religieux respect quarante-six prêtres, sept diacres, sept sous-diacres, quarante-deux acolytes et cinquante-deux autres lévites former autour de sa personne sacrée une brillante et majestueuse couronne.

Dans les rangs de ce glorieux cortége se trouvait le futur apôtre du Beauvaisis. Lucien puisa la foi à la source pure du Catholicisme ; il reçut les premières leçons de vertu de la bouche des docteurs qui avaient confessé Jésus-Christ devant les tyrans, et il étudia comme les modèles de son apostolat prochain les cœurs nobles et généreux qu'il voyait chaque jour quitter tout, sacrifier tout, pour voler, libres de tout souci, à la conquête des âmes.

Car les pontifes romains envoyaient souvent dans les contrées encore idolâtres ceux de leurs prêtres qu'ils jugeaient le plus avancés dans la science sacrée et dans la pratique des vertus apostoliques. Saint Fabien, en particulier, dirigea ainsi vers les Gaules les missionnaires qui ont converti nos ancêtres.

CHAPITRE III.

Élat civil et religieux du Beauvaisis au troisième siècle.

Tandis que Lucien se préparait, à l'ombre des autels, aux pieds du vicaire de Jésus-Christ, à la mission que la Providence voudrait bien confier à son zèle, les habitants des contrées que nous nommons aujourd'hui le Beauvaisis vivaient dans la plus triste ignorance de Dieu, de leur origine et de leur avenir. Le pays était en grande partie couvert de vastes et épaisses forêts, qui s'étendaient depuis la source de l'Oise jusqu'à sa jonction avec la Seine. Les vallées étaient des marais impraticables ; les plaines, rares, peu étendues et mal cultivées. La chasse fournissait la nourriture et le vêtement à des peuplades grossières, qui se construisaient, dans les bois, de misérables cabanes ; retraites inconnues, où ils échappaient à l'épée du conquérant insatiable, mais aussi aux bienfaits de la civilisation et aux lumières de la vérité. Quelques villes s'élevaient le long des principaux cours d'eau et sur les plateaux découverts. C'étaient les centres du gouvernement, les boulevards qui protégeaient les contrées environnantes contre les armées ennemies. Mais c'étaient aussi les centres d'une corruption intellectuelle et morale, dont il serait difficile de se faire même une légère idée.

Nos pères, crédules comme l'est toujours l'ignorance, adoraient plusieurs divinités immorales ou cruelles. On montre dans nos musées les statues grossières de Mercure, de Cérès, trouvées dans le département. On y voit aussi diverses sortes d'instruments employés dans des sacrifices affreux. On conserve en plusieurs localités des autels énormes, sur lesquels étaient immolées par centaines de malheureuses victimes humaines, des prisonniers, des femmes, des enfants, pour apaiser de prétendus génies malfaisants et redoutés.

Les mœurs étaient aussi dépravées que les croyances étaient absurdes. Les monstruosités les plus révoltantes étaient autorisées par l'exemple des dieux.

Pauvres peuples, vraiment assis dans l'ombre épaisse de l'ignorance et au milieu des obscénités les plus abrutissantes ! comme ils nous eussent envié le bonheur d'être éclairés dès notre enfance des vérités saintes et pures de l'Évangile !

Quand, à force de carnage, les Romains eurent enfin soumis la Gaule à leur domination, ils y introduisirent le culte de toutes leurs divinités et les raffinements de leur honteuse dissolution morale. De sorte qu'à l'époque où nous nous arrêtons, deux cent cinquante ans après Jésus-Christ, Beauvais était asservi tout à la fois au joug, aux erreurs et aux vices de ses fiers dominateurs. Mais, par une disposition miséricordieuse de la Providence, la tyrannie des Romains ouvrait aux apôtres de l'Évangile les routes du monde entier. Le brave Corréus [1] venait de succomber sur les bords du Thérain [2]; le dernier rempart de la Gaule, Bratuspance [3] avait été prise et rasée, et notre fière patrie n'était plus qu'une petite province romaine, lorsque saint Fabien jugea le moment favorable pour envoyer un de ses pieux disciples instruire, édifier et consoler les nouveaux sujets de l'Empire.

Admirable sollicitude de l'Église romaine et de ses augustes pontifes pour le salut des âmes rachetées au prix du sang d'un Dieu!

[1] Corréus, général gaulois.

[2] Thérain. petite rivière qui passe à Beauvais et se jette dans l'Oise près de Creil.

[3] Bratuspance, ancienne ville des Bellovaques ; on croit qu'elle était peu éloignée de Breteuil, Oise.

CHAPITRE IV.

Saint Lucien part pour les Gaules. — Il prêche l'Évangile
à Parme, puis à Arles — Il pénètre dans le Beauvaisis.

Depuis longtemps, nous l'avons vu, Lucien
attendait dans la retraite le moment heureux
où il pourrait prouver à Dieu son amour par
son zèle pour le salut de ses frères. Aussi, dès
que le Souverain-Pontife lui eut manifesté son
dessein et lui eut conféré avec la dignité épiscopale la plénitude du sacerdoce, le nouvel
apôtre dit un dernier adieu à sa famille et par-
tit sans retard pour sa lointaine mission. Pauvre de ce que le monde appelle ses biens, riche
en science et en vertus, il quitta Rome, accom-
pagné de deux fidèles disciples, le prêtre
Maxien et le diacre Julien. Qu'ils sont beaux
les pas de ces trois conquérants des âmes ! Ils

ne vont pas ravager les provinces, verser le
sang de leurs semblables et faire couler des
torrents de larmes ; mais, la croix dans une
main et l'Évangile dans l'autre, ils vont ensei-
gner à tous ceux qui pleurent, quels que soient
leur âge, leur sexe, leur rang, leurs richesses,
le vrai moyen de sanctifier ici bas leurs souf-
frances, pour en être récompensés au ciel. Par-
tez donc, héros magnanimes ! Que la paix du
Seigneur vous accompagne ! Durant l'éternité
tout entière, des milliers d'âmes béniront
votre sainte entreprise !

Pour se rendre dans le fond de la Gaule,
Lucien avait à traverser une grande partie
de l'Italie ; il fit ce voyage en digne apôtre
du Sauveur, annonçant par les bourgs et les
villages la bonne nouvelle du salut. Il prêcha
dans les environs de Parme, et les succès de
sa parole furent si grands qu'ils éveillèrent
les craintes et la colère des payens. Les
magistrats le firent arrêter, mettre en prison
et charger de fers ; mais les chrétiens obtin-

rent promptement sa délivrance, et il reprit sa marche vers le Beauvaisis.

Il convertit encore à Arles un nombre considérable d'idolâtres de toutes nations, que le commerce attirait dans ce port. La bonté divine leur avait préparé là un trésor, dont tous les cœurs droits reconnurent promptement le prix inestimable· Ils ne l'achetèrent point au poids de l'or, ni par l'échange de leurs denrées précieuses; mais leurs richesses temporelles, sanctifiées par le pieux usage qu'ils apprirent à en faire, acquirent pour l'éternité une valeur plus solide et plus durable.

En arrivant dans le Beauvaisis, Lucien, à l'exemple de son divin maître, s'adressa d'abord aux simples et aux petits. Continuellement occupés à pourvoir aux besoins de leurs familles, ces pauvres habitants des bois ne quittaient guère leurs forêts silencieuses. A de rares jours de fêtes ils se réunissaient sous l'épais feuillage de quelque chêne séculaire; les druides, leurs prêtres, cueillaient avec une serpette d'or une branche de gui et l'offraient aux divinités du lieu ; ou bien l'on immolait des animaux et même des hommes sur les autels des idoles. Des chants, des danses, des superstitions de mille sortes amusaient la naïve crédulité de ces esprits ignorants. Leurs cérémonies religieuses, bien loin de les instruire, de corriger leurs défauts et de rendre leurs enfants meilleurs et plus soumis, ne servaient qu'à entretenir l'immoralité et la barbarie. Quel contraste entre ces fêtes ignobles, barbares, ou pour le moins ridicules, et celles où les Catholiques célèbrent les prodiges d'amour de Dieu pour les hommes, l'humble pureté de l'auguste Marie, la bienveillante vigilance des anges nos fidèles gardiens, et les vertus héroïques des saints, nos frères et nos modèles.

Lucien pénétra sans crainte dans l'ombre de toutes ces forêts antiques : il aborda les habitants, étonnés de sa présence, avec l'affabilité d'un ami sincère et désintéressé ; il con-

sola leurs douleurs, soulagea leurs souffran-
ces, s'assit à leurs foyers, se plia à leurs
usages, reconnut leurs goûts, devina leurs
caractères, étudia leur langage et se conci-
lia leur affection par les charmes de sa vertu.
Devenu l'ami de tous, et assuré de leur
estime, il exposa dans un style à la portée
de leur intelligence inculte les vérités si
nobles et si touchantes du dogme catholique.
Bientôt l'ascendant de la vérité aidé de sa
parole insinuante soumit l'esprit de ses audi-
teurs, comme sa charité lui avait gagné leurs
cœurs; et la grâce, attirée par ses ferventes
prières, fit fructifier la divine semence dans
des âmes si habilement préparées. Bon nombre de nouveaux disciples de l'évangile re-
çurent le baptême et la confirmation. Les
deux compagnons du saint apôtre, imitant
sa pieuse tactique, secondaient heureusement son zèle. Le culte pur du vrai Dieu
et les belles cérémonies de l'église rempla-
cèrent en plus d'un endroit les folies et les

horreurs du paganisme. La sainte conquête était commencée : pour l'étendre il fallait actuellement attaquer l'erreur dans son centre, au sein de la ville, d'où elle dominait la province, comme la puissance militaire qui y commandait. Entreprise difficile et qui exigeait toute l'intrépidité du plus généreux dé-dévouement.

Mais Lucien avait souvent médité la parole du divin maître : « Je suis venu apporter » sur la terre le feu de la charité, et mon dé- » sir le plus ardent est de le propager chaque » jour davantage. » Il avait d'ailleurs appris à connaître le peuple qu'il venait soumettre à à l'Évangile ; rien ne pouvait plus l'étonner. La grossièreté des mœurs, la rudesse du caractère, la fougue des passions les plus incultes, les difficultés du langage, les dégoûts et les fatigues d'une vie de privations quotidiennes, bien différente de la délicatesse et de l'urbanité romaine, qui avaient entouré son enfance : tous ces obstacles n'existaient plus

pour lui. Il avait tout expérimenté, tout sur-
monté ; il s'était fait tout à tous pour gagner
tous les cœurs à Jésus-Christ.

Il allait, il est vrai, se trouver en face des
autorités romaines, partout hostiles à une religion qui condamnait le dérèglement de leurs
mœurs, l'injustice de leurs usurpations et les
absurdités de leur culte. La rigueur des magistrats contre les chrétiens s'autorisait des
édits de persécution demeurés en vigueur, et
l'espoir de se concilier la faveur du maître par
le zèle à exécuter ses ordres barbares était
un motif puissant sur des ambitions vénales
pour verser sans scrupule un sang méprisé,
dont on ne craignait pas d'avoir à rendre
compte. Lucien connaissait ces dangers ; mais
l'amour est plus fort que la crainte des supplices. Rien ne saurait arrêter un apôtre de
Jésus-Christ, dont la seule ambition est de
sauver des âmes et qui ne voit dans le martyre
qu'une voie plus courte pour arriver au
triomphe éternel.

CHAPITRE V.

Saint Lucien établit son siége épiscopal à Beauvais. — Il fonde plusieurs paroisses du diocèse. — Il est persécuté. — Il visite saint Quentin.

Lucien s'approcha donc de Beauvais. Comme c'était une place forte, une garnison romaine l'occupait pour maintenir par la crainte les habitants plutôt soumis que domptés. Or, dans presque toutes les légions de l'Empire, le Christianisme comptait des disciples fervents, dignes émules des braves soldats de la légion Thébaine, admirables modèles de foi et d'honneur militaire. Car le front du guerrier chrétien s'entoure d'une auréole de loyauté qui relève sa vertu au dessus de celle des professions ordinaires. Quelle consolation ne durent pas goûter ces frères dispersés de la famille chrétienne, en recevant si loin de leurs foyers les secours d'un ministre de la vraie religion ! Comme ils bénirent l'attentive sollicitude de la Providence, si ingénieuse à pourvoir aux besoins corporels, mais surtout aux nécessités spirituelles de ceux qui le méritent par une confiance filiale ! Sans doute leur reconnaissance facilita au saint évêque l'accès près de leurs compagnons d'armes, et plus d'un légionnaire romain reçut le baptême aux extrémités de l'empire.

Mais c'est surtout parmi les habitants du pays que la parole et les exemples de Lucien firent de nombreux prosélytes. Les cœurs les plus honnêtes et les esprits les plus droits embrassèrent les premiers la nouvelle croyance. D'autres s'unirent bientôt à eux et formèrent au sein de la cité une chrétienté fervente qui alimentait sa foi par l'usage fréquent des sacrements, par la prière et par la pratique de toutes les œuvres de la charité active. De ce foyer principal la lumière de la vérité rayonna de proche en proche dans tou-

tes les bourgades voisines. Le saint apôtre se
portait tantôt dans une direction, tantôt dans
une autre, répandant partout la divine semence, dont il confiait ensuite la culture à des ministres choisis et éprouvés. Ceux-ci réunissaient leur petite société naissante au domici-
cile de l'un de ses membres, complétaient
son instruction et affermissaient sa foi par
de pieuses exhortations.

Ces réunions particulières se transformè-
rent en autant d'assemblées, où l'on venait
entendre la voix du pasteur, assister au saint
sacrifice et prier en commun. Les modestes
offrandes des fidèles indemnisaient leur hôte;
et souvent l'appartement étroit, où l'on se
pressait d'abord, se changea plus tard en un
sanctuaire vénéré, que la reconnaissance et la
foi prirent soin de parer et d'enrichir.

Telle est l'origine des églises *d'Espaubourg,*
d'Escames, de Moyvillers, et d'Ourcelmaison.
Cette dernière, la plus ancienne du diocèse de
Beauvais, passe pour avoir existé du temps de

saint Lucien et avoir retenti de son éloquente parole.

Mais plus d'une fois les travaux du saint apôtre furent interrompus par la colère des payens. Irrités des progrès de la nouvelle religion et de l'abandon de leurs fausses divinités, les prêtres idolâtres calomnièrent les chrétiens et leurs pasteurs. Les fidèles suspendaient alors leurs réunions ; ou bien ils en déplaçaient le siége : les ministres s'éloignaient de leur troupeau. C'est pendant une de ces petites persécutions que saint Lucien alla visiter à Amiens saint Quentin, apôtre du Vermandois. Ces deux nobles cœurs s'animèrent mutuellement à redoubler d'ardeur pour la gloire de leur divin maître et pour le salut des âmes ; et lorsque le retour du calme ouvrit de nouveau à leur zèle une carrière plus libre, ils s'embrassèrent avec la tendre fraternité de deux héros préparés au martyre. Puis ils reprirent avec confiance leurs périlleuses missions.

CHAPITRE VI.

Saint Lucien reprend l'oeuvre de ses missions. — Il est arrêté. — Son martyre. — Sa sépulture. — Premiers miracles opérés par son intercession.

Lucien ne devait pas tarder à recevoir la récompense de ses longues et glorieuses fatigues. Il y avait environ vingt-cinq ans qu'il était entré dans le Beauvaisis ; il l'avait parcouru dans tous les sens, prêchant de tous côtés la sainte doctrine, fondant des églises, auxquelles il préposait des prêtres et des diacres. Les vertus si pures et si douces des chrétiens contrastaient heureusement avec la rudesse et la corruption des idolâtres, et attiraient chaque jour à la vérité de nouveaux disciples. La foi se propageait dans toutes les classes de la société. Les prêtres de l'ancien culte n'eurent pas de peine à le remarquer, au

ide qui se fit autour de leurs autels. L'honneur
e leurs dieux, leur considération personnelle,
eur fortune, enfin, étaient sérieusement com-
romis. Ils prirent donc d'un commun accord
a défense de leurs temples et celle de leurs
ropres intérêts. Ils agirent puissamment au-
rès de Julien, vicaire du préfet des Gaules
t successeur du terrible Rictius Varus. Ce
magistrat remit en vigueur les édits qui pros-
rivaient la religion chrétienne, et condam-
aient à mort ceux de ses partisans qui refu-
eraient de renoncer à leur prétendue erreur
t de retourner au culte de leurs pères.

Lucien comprit toute la gravité du danger.
Aussi, pour épargner à ses néophytes des
ouffrances et des tentations peut-être au des-
us de leur foi naissante, il sortit secrète-
nent de Beauvais avec ses deux compagnons
nséparables, Maxien et Julien. Tous trois re-
nontèrent la rive droite du Thérain et se re-
irèrent sur une colline qui porte depuis long-
emps le nom de Montmille. Mais le pieu

empressement des fidèles à rechercher les exhortations du pasteur trahit bientôt le secret de son asile. Les agents de l'autorité surprirent le saint évêque dans une de ces pieuses réunions, et l'arrêtèrent avec Maxien et Julien. Ils enjoignirent d'abord à ceux-ci d'obéir aux ordres de l'empereur, de renier Jésus-Christ, et d'adorer les dieux du pays. Tous les deux répondirent avec calme qu'ils respectaient les décrets de l'empereur, mais qu'ils obéissaient encore plus fidèlement à Dieu. « Nous sommes chrétiens, ajoutèrent-ils, et nous ne pouvons adorer que Dieu seul. » Jugés et condamnés aussitôt, ils eurent la tête tranchée sur le lieu même de leur arrestation. Lucien, sommé à son tour de renoncer Jésus-Christ, répondit avec dignité : « La proposition que vous osez me faire semblerait indiquer que vous ignorez qui je suis. Apprenez-le donc : Je suis chrétien. » Il prononçait sa sentence. Mais, à l'exemple de son divin Maître, il devait, avant d'être immolé, se voir soumis à l'humiliation du fouet. Il fut donc d'abord battu de verges ; ensuite sa tête tomba sous le tranchant du glaive. Ceci se passait l'an 275 après Jésus-Christ.

Il ne paraît pas qu'aucun des fidèles arrêtés en même temps que les trois apôtres ait été mis à mort. Les magistrats se persuadèrent sans doute que le sang de ces trois victimes suffirait pour calmer du moins la haine des prêtres payens et pour empêcher le progrès de l'Évangile. Les corps de saint Maxien et de saint Julien furent enterrés sur le lieu de leur supplice ; celui de saint Lucien fut transporté avec respect sur une colline plus rapprochée de Beauvais, nommée depuis Notre-Dame du Thil ; et il y fut inhumé. Une partie de ses vêtements, teints encore de son sang précieux, furent enfermés dans une petite caisse de plomb et déposés à coté du corps. Dès lors les chrétiens se réunirent en ce lieu pour prier, et ils y construisirent un oratoire. Des miracles nombreux attirèrent plus tard à Montmille et à Notre-Dame du Thil un pieux concours de fidèles ; et le culte de saint Lucien, martyr, apôtre, et premier évêque du Beauvaisis, se répandit au loin dans les églises des Gaules, d'Espagne, et d'Angleterre.

Une pieuse tradition raconte que saint Lucien, décapité, prit sa tête entre ses mains et sembla l'offrir en expiation pour les fidèles et pour ses persécuteurs. Les peintres chrétiens, en représentant le saint martyr dans cette attitude, nous rappellent que, priant pour nous dans le ciel, il remet sans cesse sous les yeux de Dieu le supplice qu'il a enduré pour le salut de nos âmes.

Ce fut sans doute aussi pour conserver le souvenir de ce sacrifice héroïque que l'on donna le nom de Saint-Lucien à des roses d'un rouge pourpre, que l'on disait pousser d'elles-mêmes sur la terre jadis arrosée du sang des trois martyrs.

CHAPITRE VII.

Fondation de l'abbaye de Saint Lucien. — Découverte
miraculeuse des reliques de saint Maxien et de saint Julien. — Nouvelle église. — Miracles nombreux. —
Fondation du prieuré de saint Maxien et du pèlerinage de
Montmille.

L'oratoire élevé primitivement sur le tombeau de saint Lucien fut détruit par les barbares qui plus d'une fois désolèrent nos contrées. Sous le règne de Childebert Ier, on en-
treprit de le reconstruire. Mais ce projet ne
fut réalisé que sous Chilpéric Ier. Ce prince
autorisa par une charte la fondation de l'abbaye de Saint-Lucien et la construction de l'é-
glise. On y plaça le corps du saint dans une
châsse enrichie d'or et de pierreries, chef-
d'œuvre d'un autre saint d'abord artiste cé-
lèbre, puis évêque, et dont les vertus comme

le nom sont restés populaires : c'est saint
Éloi. Saint Évrou ou Évrost d'Oroer, étant en
oraison, découvrit miraculeusement les restes
des saints Maxien et Julien sur le Montmille,
et ils furent réunis à ceux de leur bien-aimé
pontife vers l'an 584. Trois siècles plus tard,
en 866, une portion des reliques de saint Lucien, avec une partie de celles de saint Just,
fut donnée par Odon, évêque de Beauvais, à
l'abbaye de Saint-Riquier, qui les lui avait
demandées.

En 1108, l'évêque de Beauvais célébra la
dédicace d'une nouvelle église que Gérold,
abbé de Saint-Lucien, avait fait bâtir à la place
même qu'occupait celle qui avait été construite
du vivant de saint Evrost. A cette époque, de
riches et puissants seigneurs sollicitaient avec
empressement et achetaient fort cher la faveur
d'être inhumés dans ce monastère et d'y être
recommandés aux prières de la communauté.
Dieu daignait autoriser par des prodiges la
confiance des fidèles dans l'intercession des

saints martyrs. Raban de Mayence, qui, après plusieurs autres historiens, écrivit la vie de saint Lucien, vers l'an 836, affirme que, de son temps, de nombreux miracles s'opéraient à ce tombeau vénéré.

De leur côté, les religieux s'appliquaient à entretenir la dévotion pour leurs saints patrons par l'exemple de leur ferveur et par les faveurs spirituelles qu'ils obtenaient de l'autorité ecclésiastique. Ils avaient fondé, sur le Mont-mille, un prieuré, placé sous l'invocation particulière de saint Maxien, nommé par les populations saint Messien. Un prieur et cinq religieux desservaient cette église, où, plusieurs fois l'an, mais surtout vers la mi-carême, on venait de tous les pays d'alentour demander la santé de l'âme et du corps. Afin d'encourager le zèle édifiant des religieux, et pour sanctifier de plus en plus le pieux concours des fidèles, l'évêque Godefroi Ier accorda, à perpétuité, à tous ceux qui visiteraient l'église de Saint-Maxien le dimanche de la mi-carême, où l'on chante l'introït *Lætare*, et qui auraient confessé leurs péchés, une indulgence équivalente au quart de la pénitence canonique infligée jadis pour les fautes pareilles à celles qu'on avait confessées. Cette faveur fut dignement appréciée par nos pères, et le nombre des pélerins fut toujours très-considérable jusqu'à la révolution de 1789. Telle est l'origine du pélerinage de Montmille, qui, interrompu pendant quelques années de deuil pour la religion, fut rétabli, dès les premiers jours de calme politique, par un élan spontané des chrétiens du Beauvaisis vers cet antique sanctuaire, le berceau de notre foi.

CHAPITRE VIII.

Translation solennelle des reliques de saint Lucien. — installation des évêques de Beauvais

La vénération profonde dont nos glorieux patrons étaient entourés se manifesta encore solennellement dans la translation des reliques de saint Lucien, exécutée par l'abbé Jean de Toirac, le dimanche de *Quasimodo*, 1er mai de l'an 1261. L'évêque de Beauvais Guillaume de Grès présidait la cérémonie ; il était assisté des évêques de Senlis et d'Amiens ; sept abbés étaient présents. Saint Louis, roi de France, avec son fils Philippe, héritier présomptif de la couronne ; le roi de Navarre, Thibaud, et Philippe, fils aîné de Beaudoin, empereur de Constantinople, entourés de toutes leurs cours, s'étaient fait un honneur d'assister au triomphe de l'humble martyr de Jésus-Christ. Le suc-

cesseur de saint Lucien célébra pontificale-
ment la messe ; puis il bénit la nouvelle châsse
et y transporta le corps avec toutes les cérémonies et toutes les formalités usitées en
pareille circonstance. La beauté de la châsse
témoignait aussi de la vénération des dona-
teurs pour les dépouilles sacrées qu'elle devait
contenir. Elle était en cuivre doré ; elle avait
six pieds de long, trois de haut et deux de
large. Sa forme était celle d'une église appuyée
par des arcs-boutants, et surmontée d'une
pyramide élevée de trois pieds au-dessus du
toit. Douze niches, contenant les statuettes
des douze apôtres, décoraient les murs de ce
gracieux édifice. Sur le toit, des lames en bos-
sage représentaient saint Lucien en habits
pontificaux ; et la pyramide s'élançait en une
fléche évidée et ciselée avec une délicatesse
extrême. Deux autres châsses du même genre
furent consacrées aux restes de saint Maxien
et de saint Julien. C'est ainsi que l'art, inspiré
par là foi, s'imprimait plus profondément dans

les âmes par le charme de ses chefs-d'œuvre.

Saint Louis obtint un ossement de chacun des trois corps saints, pour l'église des Mathurins de Fontainebleau, qu'il faisait construire ; il les y plaça dans trois reliquaires en argent doré.

La châsse que nous venons de décrire avec une pieuse complaisance, ce beau monument de la foi de nos pères, de nos évêques, de nos rois, fut soustraite par la sollicitude des religieux à la rapacité des Anglais, lorsque, en 1340, Edouard III ravagea le Beauvaisis et fit essuyer à la France le désastre de Crécy. Elle échappa aussi au pillage des Bourguignons lors du siége de Beauvais, et à la fureur sacrilège des Huguenots. Car un monument authentique, le cérémonial de l'abbaye de Saint-Lucien, daté du mois de décembre 1759 et écrit par Cambry, nous donne sur la distribution des reliques des saints Lucien, Maxien et Julien, et sur le culte dont elles étaient l'objet, des détails intéressants, en tout conformes à notre écit.

Outre les trois grandes châsses où reposaient les corps saints, une autre en vermeil contenait leurs trois têtes, une cinquième le bras de saint Lucien seulement, et une sixième ses vêtements, dont messire Augustin Potier, évêque de Beauvais, fit l'inventaire en 1644. Enfin l'anneau pastoral de notre premier pontife était conservé dans un reliquaire particulier, souvent offert à la vénération des fidèles. Les châsses étaient exposées, parées de fleurs, durant l'octave de la fête principale, le huit janvier, et pendant tout le mois de mai, dont le premier jour était consacré à la fête dite des *corps saints*. On les portait dans les processions solennelles.

Les religieux de Saint-Lucien ne se contentèrent pas d'entretenir le prieuré de Montmille; chaque année, le lundi des Rogations, ils allaient en procession à cette antique église, et prosternés sur la terre sanctifiée par le sang de leurs saints patrons, ils demandaient la conservation de la foi et la ferveur dans leur vocation. L'histoire atteste que leurs prières furent exaucées : la régularité se conserva parmi eux jusqu'à leur dispersion en 1789.

Le supérieur du monastère indiquait aussi à sa communauté l'église de Montmille comme l'une des stations des jubilés solennels. Le chemin suivi par les religieux pour se rendre au prieuré porte encore aujourd'hui le nom de Chemin des moines.

Nous ne saurions négliger de mentionner ici comme preuve de la vénération dont saint Lucien fut toujours l'objet de la part du clergé et des fidèles, une touchante cérémonie, par laquelle les évêques de Beauvais préludaient à leur installation. Nous la trouvons citée dans l'hymne des vêpres, le huit janvier, et racontée en détail dans le cérémoniel de Cambry .

Dès la veille, le nouveau pontife se rendait à l'abbaye de Saint-Lucien ; il y passait la soirée, ainsi que la matinée du lendemain, dans le recueillement et la prière. Lorsque l'heure de l'entrée dans sa ville épiscopale était arrivée, il allait encore se prosterner devant les reliques de son saint prédécesseur ; puis revêtu des ornements pontificaux, mais les pieds nus, sans souliers et sans bas, il allait recevoir à la porte de la cité la confirmation de son pouvoir temporel, et à la cathédrale celle de son autorité spirituelle. Pieuse et simple cérémonie, qui devait rappeler au successeur d'un apôtre martyre, que toute la pompe extérieure dont l'Église entoure un évêque dans l'exercice de ses augustes fonctions, ne le dispense pas de se revêtir des vertus austères de Jésus crucifié, et que son plus riche ornement sera toujours aux yeux de Dieu et des fidèles, la sainte pauvreté de notre divin maître.

CHAPITRE IX.

Reliques de saint Lucien. — Restauration de l'église de Montmille. — Indulgences accordées par notre saint Père le Pape Pie IX.

Les pieux trésors de la foi de nos pères ont été détruits ou dispersés ; les chefs-d'œuvre de l'art, hommages de leur générosité, souvent de leur juste reconnaissance, ont presque tous disparu. Du beau monastère de saint Lucien il reste à peine quelques ruines ; des nombreuses reliques qu'on y vénérait, un fragment des ossements de Saint-Lucien est conservé à la cathédrale de Beauvais, un second au petit séminaire, placé sous l'invocation de notre premier apôtre ; un troisième dans l'antique prieuré de Saint-Maxien, aujourd'hui dédié au premier évêque du diocèse, conjointement avec ses deux compagnons

martyrs. Cette pauvre église, après être de-
meurée de longues années dans un dénûment
bien affligeant pour nos cœurs chrétiens, se
restaure enfin, grâce au zèle éclairé de son
digne curé, à la munificence de l'État et à la
charité des fidèles. La sollicitude de monseigneur Gignoux pour ce temple, le premier
sanctuaire du vrai Dieu dans son diocèse,
a rétabli solennellement l'ancien pélerinage.
Il dure neuf jours, depuis le vendredi de la
troisième semaine de carême jusqu'au vendredi suivant. Monseigneur s'y rendit lui
même, à la tête de son grand séminaire, le
vendredi douze mars de l'année 1847 ; et
chaque année depuis lors, le grand et le
petit séminaires, les paroisses voisines, et des
pélerins accourus de tout le Beauvaisis, vien-
nent demander au Dieu de saint Lucien, par
sa puissante intercession, la santé du corps et
le renouvellement de la foi.

Une faveur nouvelle vient d'être accordée
par notre saint père le pape Pie IX. Son cœur

paternel, toujours heureux d'exaucer les de-
mandes qui lui sont adressées pour faciliter le
salut des âmes rachetées au prix du sang de
Jésus-Christ, a accueilli favorablement la
supplique de M. l'abbé Eugène Durozoy, que
monseigneur Gignoux lui a présentée en personne, dans son voyage de Rome de cette année. Par un bref daté du neuf avril 1851, Sa
Sainteté accorde une indulgence plénière, que
pourront gagner une fois pendant la neuvaine
tous les pélerins qui auront visité l'église de
Montmille, y auront prié quelque temps à l'in-
tention du Souverain-Pontife et auront reçu
dignement les sacrements de la pénitence et
de l'eucharistie. De plus, une indulgence de
trois cents jours est accordée, une fois pendant
la semaine, à tous les pélerins qui auront visité l'église de Montmille avec le regret sincère
de leurs péchés. Enfin le Saint-Père permet
d'appliquer ces deux indulgences au soulage-
ment des âmes des fidèles défunts qui souf-
frent dans le purgatoire.

De plus, Monseigneur Gignoux a accordé une indulgence de quarante jours à tous les chrétiens qui, tout autre jour de l'année, visiteront avec piété l'église de Montmille, et y prieront avec recueillement.

Toutes ces faveurs spirituelles sont dignement appréciées par les âmes pieuses qui ont médité les jugements de Dieu, l'énormité du péché et la multitude des fautes journalières qui échappent à notre faiblesse.

CHAPITRE X.

Enumération des églises qui honorent saint Lucien d'un culte particulier dans le diosèse de Beauvais, en France, et à l'étranger.

L'église de Montmille n'est pas le seul temple catholique qui soit placé sous l'invocation de saint Lucien. La cathédrale de Beauvais et toutes les paroisses du diocèse honorent au moins notre saint apôtre comme premier patron secondaire. Mais, outre cela, vingt-quatre églises paroissiales ou chapelles du diocèse l'ont adopté pour leur patron titulaire. En voici la liste par ordre alphabétique :

Ansacq,

Avrechy,

Buicourt,

Bury,

Caisne,

Courcelles-Epayelles,
Elencourt,
Fontaine-Saint-Lucien,
Fumechon,
Godinvillers,
Litz,
Loconville,
Maulers,
Méru,
Muidorge,
Nivillers,
Noailles,
Rothois,
Rue-Saint-Pierre (La).
Sarron,
Troussencourt,
Villers-Sur-Auchy,
Wambez,
Warluis.

Dans l'église de Bury, l'une des plus an-
ciennes du diocèse de Beauvais, le chapiteau
d'un des piliers près du baptistaire est orné

d'une statue de saint Lucien en habits pontificaux.

Hors du diocèse de Beauvais, plusieurs églises honorent saint Lucien d'un culte particulier : telles sont l'église de Folie dans le Santerre, au diocèse d'Amiens, et celle d'Hacqueville, près des Andelys, qui possède de ses bienheureuses reliques.

Enfin le culte de notre saint patron s'est étendu hors de la France.

On lit dans les constitutions synodales de l'evêché de Wiels en Catalogne, que, sous l'administration de saint Juste, en 320, des reliques de saint Lucien furent demandées à Beauvais et apportées aussitôt à ce saint évêque.

L'Angleterre elle-même, qui,—en abandonnant le Catholicisme, — a cessé d'honorer presque tous les saints, dont les vertus, la science et la mort héroïque sont pourtant de si beaux modèles et de si puissants encouragements au bien, a conservé, parmi les gloires chrétiennes qu'elle nomme dans ses temples, le nom de saint Lucien.

Daigne le saint protecteur dont tant d'églises implorent le secours leur obtenir de la miséricorde divine le renouvellement de la foi qu'il nous apporta lui-même et qu'il scella de son propre sang ! La plupart de nos contemporains, prosternés devant d'autres idoles que celles de nos pères, mais asservis aux mêmes passions, ont encore besoin qu'une voix apostolique leur enseigne des dogmes presque entièrement oubliés, leur révèle leur sublime destinée et les ramène à la pratique de la morale évangélique, seul garant de la paix ici bas et du bonheur éternel.

Daigne le saint pontife dont nous venons de célébrer la mémoire vénérée bénir ces lignes et les rendre utiles à la gloire de Dieu et à la sanctification de nos âmes !

MESSE

DE LA TRANSLATION

DE SAINT LUCIEN

DE SAINT MAXIEN, ET DE SAINT JULIEN, MARTYRS

INTROIT.

Multæ tribulationes justorum, et de omnibus his liberabit eos Dominus ; custodit Dominus omnia ossa eorum : unum ex his non conteretur. *Ps.* Benedicam Dominum in omni tempore : * Semper laus ejus in ore meo. Gloria. Multæ.

ORAISON.

Omnipotens, sempiterne Deus, qui per gloriosa quondam certamina ad immortales triumphos martyres tuos Lucianum, Maxianum atque Julianum extulisti, da cordibus nostris

dignam pro eorum commemoratione lætitiam :
ut quorum solemnia pio amore veneramur, eorum precibus adjuvemur ; Per Dominum.

Lectio libri Apocalypsis beati Joannis apostoli.

In diebus illis : vidi subtus altare animas
interfectorum propter verbum Dei, et propter
testimonium quod habebant. Et clamabant
voce magna, dicentes : Usquequo, Domine
(sanctus et verus), non judicas, et non vindicas
sanguinem nostrum de iis qui habitant in ter-
ra? Et datæ sunt illis singulæ stolæ albæ : et
dictum est illis ut requiescerent adhuc tempus
modicum , donec compleantur conservi eorum
et fratres eorum qui interficiendi sunt sicut et
illi.

GRADUEL.

Justorum animæ in manu Dei sunt, et non
tanget illos tormentum mortis. v. Corpora ip-
sorum in pace sepulta sunt, et nomen eorum
vivit in generationem et generationem.

Alleluia, alleluia. Sit memoria illorum in benedictione, et ossa illorum pullulent de loco suo. Alleluia.

PROSE.

Bellovacis civibus
Sub nocte jacentibus,
Quanta lux exoritur !

Ut mentes indomitas
Blande mulcet veritas,
Dum præsul adoritur !

E Romanis finibus,
Non armis minacibus,
Domitor huc properat.

Non lædit hic corpora ;
Sed effera pectora
Amica vi superat.

Non cæde madentibus
Inhiat hic spoliis :

Non ovat gementibus
Sub jugo provinciis.

Omnis in flammantibus
Vis inest eloquiis,
In fletu, laboribus,
Votis ac jejuniis.

Castus amor hunc adurit :
Nos, non nostra, pastor quærit,
Vel sui dispendio.

Urbs Cæsare vix subacta,
Luciano sponte victa,
Cedit verbi gladio.

Audit vocem grex pastoris :
Hinc seges ampla laboris :
Fit nascens ecclesia.

Fera corda mansuescunt,
Fides crescit, et vilescunt
Numina mendacia.

Dis jam pudet immolare ;
Ruunt fana, jacent aræ :
Deo gestit gens litare
Puro sacrificio.

Orcus fremit, stupet error :
His incensus furit prætor
In gregem, senemque tortor
Desævit supplicio.

Duo consortes laborum,
Administrique sacrorum,
    Cruciantur,
    Laniantur
Multiplici vulnere,

Ictus ense martyr cadit ;
Jugi vitæ sed mors reddit.
    Coronatur,
    Dum truncatur,
Ipso victor funere.

Quam sanxit martyrio,

Stet semper Relligio.

Amen.

Sequentia sancti Evangelii secundum Mattheum.

In illo tempore, dixit Jesus discipulis suis :
Nolite timere eos qui occidunt corpus, animam
autem non possunt occidere ; sed potius timete
eum qui potest et animam et corpus perdere
in gehennam. Nonne duo passeres asse ve-
neunt : et unus ex illis non cadet super terram
sine patre vestro ? Vestri autem capilli capitis
omnes numerati sunt. Nolite ergo timere,
multis passeribus meliores estis vos. Omnis
ergo qui confitebitur me coram hominibus, con-
fitebor et ego eum coram Patre meo qui in cœlis est. Qui autem negaverit me coram hominibus, negabo et ego eum coram Patre meo,
qui in cœlis est.

OFFERTOIRE.

Mirabilis Deus in sanctis suis : Deus Israel

ipse dabit virtutem et fortitudinem plebi suæ :
benedictus Deus.

SECRÈTE.

Deus, qui custodis ossa sanctorum tuorum,
et liberas animas eorum, da martyrum tuorum
Luciani, Maxiani et Juliani sacram translatio-
nem solemni sacrificio celebrantibus, ut com-
plantati similitudini mortis Domini, simul et
resurrectionis simus ; Per eumdem Dominum.

COMMUNION.

Salvatorem expectamus Dominum nostrum
Jesum Christum, qui reformabit corpus humi-
litatis nostræ, configuratum corpori claritatis
suæ.

POSTCOMMUNION.

Præpositorum nostrorum qui nobis locuti
sunt verbum tuum, Domine, memoriam sacro
convivio celebrantes, te deprecamur ut des no-

bis exitum conversationis eorum jugiter intue-
ri, et fidem imitari ; Per Dominum.

HYMNE DES VÊPRES.

Qualis vos sequitur gloria, martyres !
Dum vestros cineres plebs colit osculis ;
Ultor nempe Deus pensat honoribus
    Summis opprobrium necis.

Quotquot pontifices, qui tibi martyri
Successere, tuos ad cineres, prius
Quam sacrata obeant munia, te vocant
    Flexi poplite supplices.

Distans urbe procul sit tumulus licet ;
Nudo pontifices huc redeunt pede :
Ut quos martyrio tu tibi vindicas,
    Commissos populos regant.

Huc de sede Petri, cum juvenum manu
(Omnes Christiferi) venit apostolus :
Vestris hæc regio mcta laboribus
    Fusa tinctaque sanguine.

Constans hoc tumulo spirat adhuc fides,
Ardens fervet adhuc ignea caritas ;
Si nos, fida parum pectora, vivimus,
   Vivos mortuus arguet.

Fuso progeniti sanguine martyris,
Nos, o Bellovaci, fundere sanguinem
Si non pace data possumus ; hunc juvet
   Saltem moribus assequi.

Patri maxima laus, maxima Filio,
Amborumque sacro maxima Flamini,
Qui dat martyribus mille neces pati,
   Et per funera vincere.

   Amen.

LITANIES

DE SAINT LUCIEN

ET DE SES COMPAGNONS

MARTYRS

Kyrie, eleison.

Christe, eleison.

Kyrie, eleison.

Christe, audi nos.

Christe, exaudi nos.

Pater, de cœlis, Deus, miserere nobis.

Fili, Redemptor mundi, Deus,   miserere.

Spiritus sancte , Deus,   miserere.

Sancta Trinitas, unus Deus,   miserere.

Sancta Maria, ora pro nobis.

Sancta Dei Genitrix,   ora.

Sancta Virgo virginum,   ora.

Sancte Luciane cum sociis tuis, orate pro nobis.

S. Maxiane, ora pro nobis.

S. Juliane,   ora.

S. Luciane, veræ fidei cultor, ora.

S. Luciane, orationi addictissime, ora.

S. Luciane, divinorum assidue contemplator, ora pro nobis.

S. Luciane, evangelicæ paupertatis amator, ora pro nobis.

S. Luciane, zelo animarum accense, ora.

S. Luciane, apostole Belvacorum, ora.

S. Luciane, christianæ fidei propagator, ora.

S. Luciane, patrum nostrorum doctor, ora.

S. Luciane, ovium tuarum vigilantissime pastor, ora.

S. Luciane, contumeliarum avidissime, ora.

S. Luciane, mortis contemptor fortissime, ora.

S. Luciane, passionis Christi imitator, ora.

S. Luciane, invicte martyr, ora.

S. Luciane, intercessor apud Deum potentissime, ora.

S. Luciane, fidelium præsidium, ora.

S. Luciane, mœrentium consolator, ora.

S. Luciane, ægrotantium salus, ora.

S. Luciane, miserorum pater, ora.

S. Luciane, cleri nostri speculum, ora.

S. Luciane, ecclesiæ belvacensis corona et gaudium, ora.

Per crucem cujus signum apud patres nostros erexisti, intercede pro nobis.

Per tot et tanta itinera tua, interc.

Per mirabiles virtutes tuas, interc.

Per sanguinem quem pro Christo effudisti, intercede pro nobis,

Per gloriam et felicitatem tuam, interc.

Per nostram in te pietatem et reverentiam, int.

Ut Deus nobis parcere dignetur, interc.

Ut Deus nobis indulgeat, interc.

Ut Deus nobis fidem, spem et caritatem donare dignetur, interc.

Ut Deus ad veram pœnitentiam nos perducere dignetur, interc.

Ut Deus ecclesiam suam sanctam regere et conservare dignetur, interc.

Ut Deus domnum apostolicum et omnes gradus Ecclesiæ in sancta religione conservare dignetur, interc.

Ut Deus ecclesiam belvacensem sanctificare
et tueri dignetur, interc.

Ut Deus antistitem nostrum et omnes congre-
gationes illi commissas in suo sancto obse-
quio conservare dignetur, interc.

Ut Deus cuncto populo christiano pacem et
veram concordiam donare dignetur, interc.

Ut Deus nosmetipsos in suo sancto servitio
confortare et conservare dignetur, interc.

Ut Deus mentes nostras ad coelestia desideria
erigat, interc.

Ut Deus omnibus benefactoribus nostris sem-
piterna bona retribuat, interc.

Ut Deus animas nostras, fratrum, propinquo-
rum et benefactorum nostrorum ab æterna
damnatione eripiat, interc.

Ut Deus fructus terræ dare et conservare dignetur, interc,

Ut Deus fidelibus defunctis requiem æternam
donare dignetur, interc.

Ut Deus nos exaudire dignetur, interc.

Pie Patrone noster, interc.

Agnus Dei, qui tollis peccata mundi, parce nobis, Domine.

Agnus Dei, qui tollis peccata mundi, exaudi
nos, Domine,

Agnus Dei, qui tollis peccata mundi, miserere
nobis.

Christe, audi nos.

Christe, exaudi nos.

v. Ora pro nobis, sancte Luciane, cum sociis tuis.

R. Ut digni efficiamur promissionibus Christi.

OREMUS.

Omnipotens, sempiterne Deus, qui per gloriosa quondam certamina ad immortales triumphos martyres tuos Lucianum, Maxianum, atque Julianum extulisti, da cordibus nostris
dignam pro eorum commemoratione lætitiam :
ut quorum solemnia pio amore veneramur, eorum precibus adjuvemur ; per Dominum nos-

trum Jesum Christum, Filium tuum, qui tecum vivit et regnat in unitate Spiritus Sancti Deus, per omnia sæcula sæculorum. Amen.

FIN

TABLE
DES CHAPITRES

—

4.

FIN DE LA TABLE.

Planey. Typ. de la société de Saint Victor. J. Collin, impr.